AF314428

LE

SEPTENNAT

ET LES

PARTIS POLITIQUES

PAR

CHARLES CAHOT

Propriétaire et rédacteur en chef des journaux

LA FRANCHE-COMTÉ ET L'ÉLECTEUR FRANC-COMTOIS

> Le peuple est admirable pour choisir
> » ceux à qui il doit confier quelque
> » partie de son autorité. Il n'a à se
> » déterminer que par des choses qu'il
> » ne peut ignorer, et des faits qui
> » tombent sous les sens. »
>
> MONTESQUIEU (*Esprit des Lois.*)

BESANÇON

1874

LE SEPTENNAT

PARTIS POLITIQUES

L'Assemblée nationale est en vacances.
Le gouvernement a devant lui quelques
semaines pour délibérer à son aise sur les
propositions qu'il jugera à propos de pré-
senter aux représentants du pays ; de leur
côté les députés vont, suivant une expression devenue tant soit peu banale, se re-
tremper dans le contact avec leurs électeurs
et méditer sur les futures institutions de la
France. C'est une période de calme relatif;
il nous parait de quelque utilité de profiter
de ce moment pour examiner la situation
respective des partis.

La France, si largement dotée par la na-
ture qu'elle est le seul pays du monde qui
puisse se suffire à lui-même sans rien emprunter à ses voisins, est assurément, sous
le rapport politique, le peuple le plus divisé,
le plus tourmenté. Ces luttes intestines ont
toujours existé en changeant de caractère
suivant les temps, depuis la conquête des
Gaules jusqu'à la consécration définitive de

l'unité nationale, commencée par nos dynasties royales, complétée par la révolution de
1789, et jusqu'à aujourd'hui. Si, grâce à la législation civile, à la législation militaire, à la
multiplicité des voies ferrées et à la facilité
des communications quotidiennes, les diffé-
rences tendent chaque jour à s'effacer entre
les diverses races qui, du Nord au Midi et de
l'Est à l'Ouest, constituent la nation française, les dissentiments entre les esprits, loin
de s'apaiser, semblent s'aggraver chaque
jour davantage. La guerre n'est plus engagée entre les races, elle règne entre les opinions. C'est un progrès assurément, mais
nous sommes encore loin du but qu'il fau-
drait atteindre et qu'il est permis de définir
ainsi : l'intérêt national doit primer les in-
térê's des partis.

Combien de temps s'écoulera, combien
de révolutions surgiront avant que nous
ayons chez nous seulement deux partis,
celui qui veut marcher trop vite et celui qui
veut marcher trop lentement dans la voie
du progrès ? Nous ne chercherons pas à établir un calcul de probabilités pour résoudre
ce problème social et politique; nous nous
bornerons à jeter un coup d'œil sur l'état
des partis, et à indiquer sommairement la
solution qui doit être réservée pour l'avenir.

I

LE PARTI LÉGITIMISTE

Le parti légitimiste a cru, il y a quelques mois, que l'heure du triomphe allait sonner pour lui. Après le 24 mai, le gouvernement, dirigé par M. de Broglie, resta inactif. Qualifié par ses adversaires de gouvernement de combat, à part quelques mesures indispensables d'ordre public, il sembla n'avoir pris à tâche que de s'effacer, laissant à tous les partis leur libre expansion, absolument comme s'il se désintéressait de leurs luttes. Un parti surtout mit le temps à profit ; trois mois ne se passèrent pas sans que s'accomplît l'acte depuis longues années réclamé ardemment par les légitimistes : la soumission de la branche cadette des Bourbons à la branche aînée. M. le comte de Paris reconnut, le 5 août, comme le chef de sa famille M. le comte de Chambord. Désormais il n'y avait plus ni légitimistes, ni orléanistes ; il n'y avait que des royalistes.

Après la démarche du comte de Paris, tout n'était pas fini. Si la fusion était faite pour les chefs, il fallait qu'elle s'opérât aussi parmi les soldats. Les orléanistes ne se montrèrent pas récalcitrants. Puis il était nécessaire, pour assurer les moyens d'exécution, de créer une majorité royaliste dans l'Assemblée de Versailles. L'Assem-

blée étant souveraine , les chefs qui prépa-
raient la restauration de la royauté légitime
ne songèrent pas à consulter le pays. D'a-
bord ils redoutaient que le pays interrogé
ne se prononçât pour la République ou pour
l'Empire ; ensuite ils pensaient que, dans
l'état de lassitude où se trouvait la France,
elle accepterait docilement tout gouvernement qui lui paraîtrait offrir des gages de
sécurité. Un vote de l'Assemblée leur suffi-
sait. Tous leurs efforts tendirent donc à
constituer une majorité parlementaire.

On sait comment la question du drapeau
fit tout avorter. Les hommes modérés des
divers partis qui, par patriotisme , se rési-
gnaient à accepter un gouvernement définitif sous une forme quelconque, ne croyaient
pas cependant devoir se livrer sans réserves
et exigeaient certaines garanties. Ils en
trouvaient une suffisante dans le maintien
du drapeau tricolore , symbole des libertés
publiques consacrées par la révolution.

A quel mobile obéit le comte de Chambord en écrivant la lettre du 28 octobre ?
Crut-il que la France, séduite par ses sen-
timents chevaleresques, allait se jeter dans
ses bras ? Céda-t-il à des influences de famille qui le détournaient de la couronne par
crainte d'une résistance énergique de la nation ? Fut-il victime d'une intrigue à laquelle participèrent des cabinets étrangers
qui avaient intérêt à maintenir la France
dans un provisoire débilitant ? Refusa-t-il
la couronne pour ne pas être, dès le lendemain de son intronisation, mis en demeure

de reconnaître l'unité italienne? Nous ne le savons pas, et peut-être ne le saurons-nous jamais. Ce qui est certain, c'est que si les chefs légitimistes se flattaient, avant le 28 octobre, de compter à la Chambre sur une majorité d'une vingtaine de voix, dès le lendemain il n'entra plus dans l'esprit de personne de proposer à l'Assemblée un vote en faveur de la monarchie.

Le rôle du gouvernement pendant ces laborieuses négociations avait été, on peut le dire sans l'offenser, une neutralité bienveillante. Le maréchal de Mac-Mahon avait déclaré, en prenant possession du pouvoir, qu'il serait le fidèle exécuteur des décisions de l'Assemblée ; ses ministres prirent à tâche de donner aux divers partis le loisir et les moyens de préparer une décision.

La lettre du 28 octobre fut un coup de foudre pour les légitimistes et les orléanistes fusionnés. A part quelques fidèles, qui ne voulurent pas désespérer d'un succès ultérieur, ils comprirent que c'en était fait pour toujours de la royauté de Henri V. Mais un danger sérieux apparaissait : la majorité se trouvait disloquée, et il était à craindre que la minorité ne prît sa revanche du 24 mai. C'est alors que M. de Broglie, avec une habileté incontestable, se retourna prestement, et, au lieu de perdre la tête, comme quelques-uns de ses amis, inventa la combinaison du décennat, qui devint le septennat par le vote du 19 novembre. Légitimistes et orléanistes votèrent la loi sous la pression de la nécessité.

Depuis ce moment l'attitude des légitimistes fut loin d'être toujours franche et loyale. Ils accusèrent les orléanistes de les avoir joués, trahis ; ne voulant pas reconnaître leurs propres fautes, leurs défiances, leurs réticences, ils accusèrent leurs alliés, ils rejetèrent sur eux la responsabilité d'un insuccès dont la cause était double et qui devait être attribué autant à la lettre du comte de Chambord qu'aux répugnances manifestes de l'opinion publique. Puis, certains légitimistes essayèrent de revenir sur les engagements pris par eux le 19 novembre ; ils prétendirent que, en votant le septennat, ils étaient cependant restés libres de reprendre leur parole, et qu'ils n'avaient entendu constituer qu'un régime provisoire, restant toujours maîtres de le supprimer. Quelques-uns, plus réservés, affirment ce programme : pendant sept ans le maréchal de Mac-Mahon ; après sept ans le roi. Mais cette perspective ne suffit pas aux ardents du parti ; comme partout les impatients prennent la tète. De là viennent ces bruits de nouvelles démarches tentées à Froshdorff.

En même temps il s'opère un mouvement marqué qui tend à détruire les effets de l'entrevue du 5 août. La fusion faite peut se défaire ; les défiances ne se dissimulent pas, les dissentiments s'accentuent ; la rupture est prochaine Les légitimistes proclament qu'ils ne se laisseront pas prendre pour dupes et ne prèteront pas les mains à l'institution d'un stathoudéral . au profit d'un prince d'Orléans, qu'ils considéreraient comme le prélude de l'avénement de Louis-Philippe II.

En somme. les légitimistes ne forment qu'une minorité dans l'Assemblée ; mais ils y tiennent une place hors de proportion avec le nombre des adhérents qu'ils comptent dans le pays. Honnêtes, profondément convaincus, respectables dans leurs erreurs, même dans leurs préjugés, ils seront amenés par la force des choses à s'isoler de plus en plus; et, renonçant au rôle dirigeant qu'ils ont été sur le point de conquérir, ils finiront, un peu plus tôt un peu plus tard, par accepter ou tout au moins par subir avec résignation le gouvernement qui leur assurera la sécurité matérielle et leur garantira la tolérance, à défaut de la suprématie de leurs opinions.

II

LE PARTI ORLÉANISTE

Le parti orléaniste ne s'est signalé que par un seul acte politique depuis le jour où la révolution rouvrit aux princes les portes de la France : ce fut l'abdication de son chef en faveur du comte de Chambord. En dehors de cet acte, l'indécision a toujours été le principal caractère de sa conduite.

En février 1848, un prince d'Orléans commandait en Algérie; il avait sous ses ordres une armée qui, peut-être, lui aurait obéi s'il s'était embarqué pour la France, s'il avait alors marché sur Paris pour rétablir le trône de son père, que l'antagonisme de M. Guizot et de M. Thiers avait renversé ; peut-être eût-il réussi. Il ne le voulut pas. Ce jeune homme de 26 ans crut que le patriotisme lui commandait l'exil, et il partit. Le jeune homme redevenu général français regrette-t-il son abnégation d'autrefois ? c'est le secret du duc d'Aumale.

Vingt-trois années plus tard nous retrouvons les mêmes hésitations et la même abstention. Que serait-il arrivé si, le 13 février 1871, à la première séance de l'Assemblée nationale réunie à Bordeaux, un des deux princes d'Orléans récemment élus, au lieu de suivre des conseils intéressés et d'éviter de se montrer, était monté hardiment à la tribune et avait offert, en reniant toute ambition de prétendant, tout son concours et celui des siens à la reconstitution du pays, bouleversé par la révolution.

Qui peut affirmer qu'alors l'Assemblée n'aurait pas acclamé l'orateur et ne lui aurait pas confié le pouvoir, en lui donnant M. Thiers pour auxiliaire? Au lieu de prendre cette attitude qui aurait frappé les esprits, qui aurait peut-être ému la France, toujours prompte à adopter les solutions claires et précises, les princes d'Orléans, cédant à des scrupules habilement exploités par d'autres ambitions, s'abstinrent même d'accomplir leur mandat de députés et demeurèrent dans l'ombre.

Le parti orléaniste resta donc dans l'inaction jusqu'au jour où son chef, obéissant au vœu *in extremis* de son aïeul, se rendit à Froshdorff et renonça officiellement au rôle de prétendant, ne visant plus qu'au titre et aux prérogatives de prince royal. La démarche pouvait être jugée un acte de patriotisme et de sage politique, si la lettre du 28 octobre n'avait pas paru. Après la lettre du comte de Chambord, ce fut un acte inutile et même funeste au parti. Il éloigna des adhérents qui jugèrent le prince lié par sa parole et détournèrent de lui leurs vœux. L'orléanisme n'étant pas une opinion, mais un procédé de gouvernement, le parti ne se releva pas du coup porté par cette déchéance volontaire.

Nous ne dirons rien de la loi en vertu de laquelle 40 millions furent restitués aux princes d'Orléans ; on sait qu'elle n'a pas contribué à augmenter leur popularité.

Aujourd'hui que les espérances monarchiques paraissent reculées dans des perspectives illimitées, une fraction considérable du parti orléaniste voudrait voir constituer une vice-présidence, et plus tard une sorte de stathoudérat, au profit du duc d'Aumale, le seul des princes d'Orléans qui ne soit pas allé à Froshdorff et n'ait point inscrit son nom sur les registres de la chapelle expiatoire élevée à la mémoire de Louis XVI. Nous ne savons si le prince se prêterait à cette combinaison ou s'il ne préfère pas se renfermer dans un rôle exclusivement militaire. Le passé autoriserait à supposer que, comme tous les membres de sa famille, il répugne aux aventures et qu'un grand fond d'honnêteté et de modestie est tout le secret de ses abstentions.

En tout cas, les dispositions de l'Assemblée sont très claires : ni les légitimistes, ni les bonapartistes, ni les républicains, formant ensemble une énorme majorité dans l'Assemblée, ne consentiront à investir le duc d'Aumale d'une fonction qui en ferait l'héritier présomptif du maréchal de Mac-Mahon et lui permettrait d'exercer le pouvoir jusqu'au jour où la mort du comte de Chambord viendrait rétablir une seconde fois et définitivement l'unité de la maison de Bourbon.

Moins nombreux que les légitimistes dans le pays et dans la Chambre, les or-

léanistes, grâce à l'inaction de leurs chefs,
à leur effacement volontaire, viennent au
quatrième rang des partis qui aspirent à
gouverner la France ; pour s'être mis à la
remorque des légitimistes, ils ont perdu le
bénéfice d'une initiative qu'il leur eût été
un jour facile de prendre. Il est douteux
que l'occasion se présente de nouveau.

Si les princes d'Orléans, semblant se mo-
deler sur le chef de leur famille, confiné volontairement à Froshdorff, se maintiennent
dans une réserve officielle, les principaux
de leurs amis ont fait une expérience assez
malencontreuse de l'exercice du pouvoir.
M. le duc de Broglie, par ses traditions de
famille, par ses doctrines, est essentiellement orléaniste. Esprit cultivé, plein de
finesse, ayant toutes les allures, les qualités et aussi les défauts du gentilhomme,
orateur peu entraînant, sans éclat, mais
suffisant, c'est un ministre incomplet. Il lui
manque cette faculté d'attirer à lui les
hommes, de les séduire par la bonne grâce,
de les gagner en sachant éveiller des espérances faciles à entretenir ; il n'a pas la sou-
plesse de l'homme rompu aux affaires ; il
laisse trop percer la conviction de sa supé-
riorité, et ne sait reconnaître ni encourager
les bonnes volontés ; il n'a pas su se créer
un entourage de lieutenants et de fidèles
comme M. Thiers et M. Cambetta.

Il n'est pas capable d'avouer qu'il a pu se
tromper ; épris des doctrines et des formules
du parlementarisme, il ne tient pas compte
des transformations accomplies depuis vingt

ans dans la société politique ; il n'est point homme à emprunter à des adversaires long-temps combattus par lui des procédés de gouvernement que l'expérience a démontrés salutaires et indispensables.

Qu'a-t-il fait depuis le 24 mai, en dehors de la combinaison du septennat qui est son œuvre ? Chef d'un gouvernement dit de combat, il a laissé les monarchistes con-duire leurs opérations stratégiques, éten-dant aux radicaux la même tolérance. De-puis le 19 novembre il recule chaque jour devant l'emploi de l'initiative gouverne-tale. Comme les gentilshommes ses aïeux criant aux Anglais à Fontenoy : « Messieurs les Anglais, tirez les premiers, » il dit aux représentants du pays, qui ne sont pas ses amis : A vous, Messieurs les députés ; pro-posez des lois, le gouvernement vous fera connaître son avis.

N'y a-t-il dans une pareille attitude qu'un respect exagéré de la souveraineté de l'Assemblée ; ou bien y a-t-il l'aveu d'une impuissance irrémédiable ? L'opinion pu-blique est sévère pour le ministre, et la ma-jorité ne le maintient au pouvoir que grâce à son embarras pour le remplacer. C'est une personnalité brillante ; ce n'est pas un homme d'Etat, et le parti orléaniste aura raison de ne pas faire fonds sur lui pour la réalisation de ses espérances.

III

LE PARTI RÉPUBLICAIN

Il y a deux sortes de républicains : les modérés et les exagérés ; la distinction d'ailleurs n'est pas spéciale au parti ; il y a aussi ceux qui se disent républicains parce que la République est l'étiquette gouvernementale.

Nous ne nous occuperons pas des derniers. Ils constituent, il est vrai, le plus grand nombre ; mais on retrouve les mêmes hommes sous tous les régimes : ce sont ceux qui acceptent les faits accomplis, n'ayant pas d'opinion propre et ne s'occupant de la politique que quand elle touche leurs intérêts personnels et matériels. Ceux-là seront royalistes demain, si la royauté s'établit, ou bonapartistes, si l'Empire est proclamé. Nous ne parlerons que des autres.

Les exagérés ont été qualifiés par un homme qui les connaît : M. Thiers a traité un jour M. Gambetta de « fou furieux. » Sans doute le célèbre homme d'Etat est revenu récemment de cette appréciation ; mais le jugement a été porté, et l'opinion publique ne l'a pas désavoué. Le parti qui reconnaît pour chefs des hommes tels que MM. Ledru-Rollin, Gambetta, Ranc, Naquet, Esquiros, Barodet, etc., affirme que la République est un dogme. Il compte des sectes nombreuses ;

et si toutes ne seraient pas capables de rééditer les horreurs de la Commune, elles ne les désavouent pas officiellement : les communards sont alliés sur qui doivent compter les jacobins, babouvistes, socialistes et autres ennemis de ce que M. Lockroy a appelé les « classes spoliatrices. » On a vu ces docteurs politiques à l'œuvre à Tours, à Bordeaux, à Lyon, à Marseille. Ils procédaient par arrestations arbitraires ; les meurtres de Lyon et de Marseille furent le prélude des assassinats de la rue Haxo. Après avoir violé la représentation nationale, ils destituaient les magistrats et essayaient de les flétrir ; ils « fauchaient » les juges de paix, suivant l'expression grotesque et cynique du citoyen délégué Crémieux. On se sent écœuré quand on relit, ou quand on repasse dans son esprit l'histoire de cette triste époque. Par ce qu'ils ont fait, on sait ce qu'ils feraient.

Ils ont des partisans : ils les recrutent parmi les déclassés, parmi ceux que le travail effraie, parmi les ignorants que les grands mots abusent. Pour les gagner, ils flattent les mauvaises passions, ils prêchent la guerre au capital, la révolte contre les lois divines et humaines. Mais, par un juste retour des choses d'ici bas, ces chefs sont rivés à la queue qui les suit, comme le boulet au pied du forçat ; ils ne peuvent plus s'en séparer : de chefs ils deviennent esclaves ou, s'ils cessent d'obéir, sont reniés, brisés comme instruments indociles. M. Gambetta, pour ne citer que lui, en a fait maintes fois l'expérience, et l'élection de M. Barodet attesta son impuissance personnelle : après l'avoir combattue, il en fut réduit à la patronner.

Ces hommes, quand ils arrivent au pouvoir, ne sont plus maîtres du torrent qu'ils ont déchaîné sur la société ; il se produit, malgré leurs efforts, alors qu'ils voudraient être conservateurs, un tassement terrible : les dernières couches sociales, grimpant sur les premières, s'entredévorent en semant autour d'elles le meurtre, l'incendie, la misère. Nous connaissons les fins du radicalisme : il nous mènerait en peu de temps à un nouveau démembrement, à des désastres irréparables : ce serait la fin de la France, *finis Galliæ*.

Les républicains modérés déplorent les excès passés et redoutent les violences futures des radicaux. Ce sont gens honnêtes et convaincus que nous ne confondrons pas avec de prétendus républicains, recrutés parmi les ambitieux ou les peureux. Ils ont conçu un idéal de gouvernement d'où seraient bannis les priviléges, dans lequel chacun travaillerait suivant ses forces et serait récompensé suivant ses mérites. Dans l'Etat qu'ils imaginent, il n'y aurait plus de dynasties royales ou impériales, mais seulement des citoyens ayant des droits égaux à gérer les affaires publiques ; plus de faveur tenant lieu de la valeur individuelle ; les charges générales de la communauté seraient équitablement réparties suivant les ressources de chacun, la propriété respec-

tée, le capital abondamment versé dans le
courant des affaires, et le travail largement
rémunéré. Il n'y aurait plus qu'une ambition chez chaque individu, celle de contribuer au bien général. Plus de guerres inter-
nationales ; plus de luttes civiles. La République ainsi établie serait le meilleur des
gouvernements dans le meilleur des mondes
possibles.

Le tableau serait séduisant s'il était
une réalité. D'abord nous ne vivons pas
dans le meilleur des mondes possibles : cela
se voit de reste. Puis l'ambition du bien
public est la plus rare des qualités de notre
espèce ; les vrais philanthropes sont presque
aussi rares que les grands hommes, que la
Providence semble ne vouloir octroyer à
l'humanité qu'une fois en mille ans. Nous
avons pour les républicains modérés le
même respect que pour les hommes sin-
cères et honnêtes des autres partis. A notre
avis ils se trompent, comme les légitimistes,
qui croient encore aujourd'hui possible le
prochain retour du roi ; ils parlent de leur
République avec la même bonne foi que les
légitimistes de leur Roi. Les uns et les autres
croient à leur panacée ; mais la bonne foi
n'est pas une vertu, ce n'est qu'une excuse.
Les convaincre et les convertir n'est pas
notre but, ne peut être notre désir. Les faits
se chargeront de cette tâche.

Les uns et les autres restent dans leur
erreur parce qu'ils ne savent pas compter
avec les passions humaines. Sans doute ce
serait un beau spectacle que celui d'une na-

tion dans laquelle il n'y aurait plus qu'un parti, un parti national, dans laquelle on verrait tous les princes des anciennes familles régnantes tantôt se succédant au pouvoir, tantôt remplacés par de simples citoyens sortis de toutes les classes, sans autres luttes que les pacifiques péripéties du scrutin. Chaque soldat, dit-on, porte dans sa giberne le bâton de maréchal : chaque citoyen éligible pourrait, sans folle ambition, aspirer à la présidence de la république, et l'on verrait, sans surprise, comme aux États-Unis, un ancien tailleur devenir le chef de la nation.

Voilà qui serait fort beau assurément. A ceux qui ont conçu une pareille utopie, nous nous bornerons à répondre : regardez autour de vous. Vous voulez que les partis monarchiques abdiquent leurs prétentions, et fassent le sacrifice de leurs divisions sur l'autel de la patrie. Demandez donc aussi que ceux qui se disent républicains, et se prétendent meilleurs républicains que vous, abdiquent leurs ambitions politiques et sociales ; demandez aux radicaux de ne plus attaquer la religion, la propriété et le capital ; demandez aux nouvelles couches sociales d'imposer silence à leurs appétits. Et si vos conseils sont écoutés nous nous rangerons à votre avis et ferons amende honorable. Depuis moins de trente ans nous avons traversé trois révolutions : les hommes qui y ont figuré comme acteurs sont vivants pour la plupart : la mort n'a emporté que quelque

chefs qui ont des successeurs. Au-dessous
d'eux vous voyez s'agiter une masse con-
fuse qui ne sait ce qu'elle veut, ou qui veut
ce qui ne lui appartient pas ; les passions
politiques et sociales bouillonnent sur toute
l'étendue du territoire. C'est au milieu de
cette effervescence, au milieu des souf-
frances provoquées par la stagnation des
affaires que vous croyez trouver les éléments propres à fonder une république
honnête et modérée, un Eldorado politique
où les cailloux sont de l'or, où les hommes
sont des sages.

Les républicains modérés, se complai-
sant dans leurs théories, sont dupes et victimes. On le voit dans le présent qui permet
de préjuger l'avenir. Que font à la Chambre
les républicains modérés ? Tantôt ils vont à
la remorque des groupes de la gauche, tantôt on leur fait l'honneur de les mettre en
avant, comme le cheval de renfort en tête
de l'équipage qui gravit la montagne, traî-
nant un lourd fardeau. Qu'on arrive au
sommet ; ils verront le cas qu'on fera d'eux.
Ce fut de même autrefois : les Girondins
ont aidé les Montagnards à faire tomber les
têtes de Louis XVI et des nobles ; les Montagnards les ont fauchés à leur tour. C'est
l'éternelle histoire. Les républicains modérés seraient les secondes victimes. Ils ne
savent pas juger le présent, ils compren-
dront trop tard leurs fautes et leur impuissance à fonder dans le présent rien de du-
rable.

Quant à la république qui est aujourd'hui

l'étiquette gouvernementale, nous serons d'accord sur ce point avec les radicaux. Non, ce n'est pas là la république ; c'est le septennat, et il appartiendra aux lois constitutionnelles de nous apprendre ce que c'est que le septennat.

IV

LE PARTI IMPÉRIALISTE

Depuis le 4 septembre 1870 jusqu'au 16 mars 1874 le parti impérialiste a vu sa fortune passer par des phases bien diverses, et ses adversaires sont aussi irrités que surpris de ces mouvements de l'opinion publique.

Après la capitulation de Sedan, la paix devait être conclue. Les troupes victorieuses qui acclamaient le roi Guillaume croyaient la guerre terminée, et leur joie était doublée par l'espoir d'un prochain retour dans leurs foyers. Mais le vainqueur ne pouvait traiter de la paix qu'avec le gouvernement de la régence ou avec la représentation nationale. Il eût accordé alors des conditions moins dures que celles de janvier. Il ne voulut pas entrer en négociations avec des hommes qui avaient violé les lois de leur pays et qui proclamaient la guerre à outrance. La France fut abandonnée par tous les gouvernements européens.

La lutte continua : ce fut un crime, selon quelques-uns. Les événements prouvèrent que c'était tout au moins une folie. Ce fut une folie excusable pour ceux qu'animaient seuls le patriotisme et l'orgueil du nom français : nous devons le dire pour rendre un pieux hommage de reconnaissance à ces morts illustres ou inconnus qui tombèrent sur les champs de bataille pendant cette campagne, si pitoyablement conduite par les chefs de la Défense nationale. Il y eut pour beaucoup une sorte d'entraînement. Si des républicains radicaux avaient déclaré cyniquement, avant le 4 septembre, qu'ils ne se battraient pas afin de ne point contribuer à une victoire qui serait profitable à l'Empire, ce fut l'honneur de tous les autres partis de ne point marchander leur concours et leur sang au gouvernement dit de la Défense nationale. Les révolutionnaires qui avaient usurpé le pouvoir se montrèrent exclusivement préoccupés de servir la cause de la République; les autres partis ne songèrent qu'à la France : ils n'obéirent qu'à la voix du patriotisme, pendant que les radicaux n'écoutaient que leurs passions ou leurs rancunes. Les radicaux ne sauvèrent pas la France de l'étranger : on sait comment ils accumulèrent les désastres par leur impéritie et préparèrent la guerre civile.

Un jour, après une scène violente, l'Assemblée, dans un moment d'emportement, vota la déchéance de la dynastie impériale. La colère est mauvaise conseillère. Pour faire oublier l'Empire, il fallait le remplacer : c'est ce que l'Assemblée ne put faire. De ce jour commença une réaction lente, mais progressive, et dont il est facile aujourd'hui d'apprécier les effets.

Les journaux les plus hostiles aux idées napoléoniennes constatent avec plus ou moins d'irritation le chemin parcouru depuis trois ans par le parti de l'Empire. Il ne comptait d'abord que six représentants dans l'Assemblée; il en compte plus de trente aujourd'hui : les proportions se modifient de même façon dans le pays. Ces progrès tiennent à plusieurs causes qu'il est facile d'énumérer.

La première et la plus importante, est l'impuissance des partis à rien constituer de définitif. M. Thiers, malgré sa merveilleuse habileté et malgré son ardent désir de fonder une République dont il aurait été le président à vie, a échoué, renversé par la coalition des partis monarchistes. A l'heure actuelle, la majorité ne reste constituée qu'à la condition que le provisoire soit maintenu.

Après l'avénement du ministère du 25 mai, les légitimistes, ayant libre carrière, et alliés aux orléanistes, essayèrent à leur tour de créer le définitif. Ils furent sur le point de réussir; mais ils avaient provoqué dans le pays tout entier des répugnances et des craintes qui profitèrent au parti de l'Empire. Sans doute personne ne croit réellement au retour possible des vieux abus féodaux; et aucun habitant des campagnes ne redoute d'être obligé d'aller pendant la nuit battre les étangs du seigneur, pour imposer silence aux grenouilles. Nos paysans savent, aussi bien que nos profonds casuistes, que les terres, acquises par leur travail depuis 80 ans, ne leur auraient pas été enlevées pour être données aux nobles et au clergé. Mais ce que représentait pour

eux, à tort ou à raison, le retour éventuel de
Henri V, c'était la prépondérance de l'aris-
tocratie et du clergé ; c'était l'influence lo-
cale enlevée aux vilains pour retourner aux
privilégiés de la naissance. Nos paysans
vont à la messe et élèvent leurs enfants
dans la religion catholique, mais ils n'ai-
ment pas que leur curé se mêle de politique,
leur donne des conseils et, du haut de la
chaire, leur parle d'intérêts exclusivement
terrestres. Henri V, ils s'en doutent bien,
n'aurait pas ramené les horreurs de l'inquisition brûlant les mécréants ; ils savent
qu'on ne brûle plus, qu'on ne torture plus
personne, et que charbonnier est maître
chez soi. Ce qu'ils redoutaient, et nous vou-
lons croire que leurs craintes étaient mal
fondées, c'est une autre inquisition, non
plus violente, mais habile, circonvenant
l'homme à tous les moments de sa vie, et
confisquant peu à peu cette liberté dont il
ne désire pas faire mauvais usage, mais
dont il veut avoir la jouissance entière, ab-
solue.

Ces inquiétudes ont tourné au profit de
l'Empire. Pour les habitants des campagnes, aussi bien que pour ceux des villes,
l'Empire est la consécration de toutes les
conquêtes de la révolution. C'est l'effacement complet de toute inégalité entre les
classes sociales, c'est le droit pour tous de
briguer les honneurs, pour le plus modeste
d'aspirer à l'écharpe tricolore et d'avoir voix
délibérative dans le conseil de la commune.
On l'a dit, et le mot n'a qu'un défaut, c'est

qu'on en a abusé : l'Empire, c'est la démocratie couronnée, c'est la révolution légiti-
mée par le suffrage universel ; mais c'est
aussi une barrière infranchissable opposée
aux fauteurs de désordres, aux ennemis de
la propriété, du travail régulier et pacifique.

A cette pensée de comparaison s'adjoi-
gnaient les souvenirs de la grande épopée
impériale et de dix-huit années récentes de
travail et de prospérité. On se rappelait dans
les campagnes que le labeur de la terre
était productif, que les denrées se vendaient
à des prix rémunérateurs, que la main
ferme du gouvernement rassurait contre
toutes les éventualités de troubles publics.
On travaillait et l'on s'enrichissait. Dans
les villes, on se souvenait que la classe ou-
vrière avait été dotée d'institutions qui lui
permettaient de ne plus redouter le chô-
mage ou la maladie, que le travail était
abondant, grâce à la confiance des capitaux.
Boutiquiers petits et grands voyaient s'é-
couler et se renouveler rapidement leurs
marchandises qui aujourd'hui, dans leurs
magasins, attendent les acheteurs. Le présent fait valoir le passé. Pour combien le
bon vieux temps n'est plus une fiction et
remonte seulement à dix années !

A un autre point de vue il faut signaler
un revirement marqué de l'opinion. Nous
n'entreprendrons pas de rechercher l'origine et d'expliquer les causes de la der-
nière guerre : cette histoire s'écrira plus
tard, quand les passions seront calmées.

Quoi qu'il en soit, l'Empereur Napoléon III
en a porté la responsabilité devant le pays ;
et pendant son exil aucune parole de lui n'a
jamais cherché à atténuer cette responsabilité. Il est mort, pleuré de ceux qui l'a-
vaient counu et aimé. Beaucoup de ceux
qui n'auraient jamais pardonné à l'homme
vivant la guerre entreprise dans des conditions défavorables, ni la capitulation de
Sedan, se sont souvenus après sa mort du
bien qu'il avait fait.

Un jour, un écrivain du *Journal des
Débats* attira un avertissement à ce journal
pour y avoir combattu le pouvoir personnelle et défendu cette thèse que l'Empire,
c'était l'Empereur. La proposition pouvait
se soutenir alors ; le gouvernement en édic-
tant contre son auteur une mesure admi-
nistrative, indiquait que le coup avait porté.
Aujourd'hui on peut dire que les termes de
la proposition ne sauraient plus s'accoupler.
L'Empire ce n'est plus l'Empereur, ce n'est
plus un homme, c'est un ensemble d'institutions formant un tout complet, ce sont
des cadres tout formés, c'est un personnel
tout prêt et expérimenté. C'est un système,
c'est une légitimité basée sur le suffrage
universel, origine commune de nos anciennes monarchies.

L'événement du 16 mars a été un fait
essentiellement pacifique ; mais il ne nous
pas encore permis d'apprécier toutes ses
conséquences. Il faut dire pourtant que la
manifestation de Chislehurst a produit dans
le pays un mouvement des esprits bien dif-

férent de celui que provoquèrent vers la fin de l'année 1873 les allées et venues des négociateurs de Froshdorff. Les 6,000 (1) voyageurs qui sont allés saluer le prince, devenu majeur et émancipé légalement, rapportent à ceux qui les avaient envoyés des paroles claires et précises, des engagements qui ne seront pas reniés. L'avenir dira si la France en réclame l'exécution.

Le parti impérialiste obéit aux déclarations de son chef : il s'est engagé à soutenir le gouvernement du maréchal de Mac-Mahon, qui doit maintenir l'ordre en France; il veut donner à tous les conservateurs des gages de son esprit politique; il compte que l'impuissance et les fautes des autres partis conduiront le pays à n'espérer que de lui son salut. L'avenir appartiendra au plus sage, a-t-on dit; il veut être le plus sage. Il attend, plein de confiance dans l'avenir, la manifestation de la volonté nationale.

(1) 6,385, chiffre officiel.

V

LE SEPTENNAT.

Nous avons essayé d'esquisser la situation des partis ; nous l'avons fait sans pas-
sion, rendant justice aux honnêtes gens,
quel que soit leur drapeau. Il nous reste à
examiner non plus les partis, mais l'al-
liance des partis, qui a créé le septennat et a
placé la France sous la protection de la
loyale épée du maréchal de Mac-Mahon.

La lettre que le maréchal a écrite à M. le
duc de Broglie affirme sa résolution de faire
respecter pendant sept ans la décision votée
le 19 novembre par l'Assemblée nationale.
Le maréchal, suivant une expression fami-
lière qu'on lui attribue, veut faire son
congé. C'est là l'interprétation de la loi qui
nous régit, loi politique et, à ce titre, sou-
mise à des éventualités inconnues, mais
que tout bon citoyen doit respecter, parce
que c'est la loi.

Il nous faut cependant établir deux véri-
tés : la première, c'est que le septennat, voté
par la majorité de l'Assemblée, reconnu ou
subi par la totalité des représentants, n'a
été accepté sans réserves par aucun des
partis qui divisent la Chambre ; la seconde
c'est que le septennat n'est pas encore dé-
fini et que si l'on connaît la durée du pou-

voir présidentiel. on en ignore les attributions.

Les ultra-légitimistes, les bonapartistes,
les républicains ont voté contre le projet
présenté par le gouvernement dans le scrutin du 19 novembre : on sait quelles objec-
tions ont faites les chefs de chaque parti.
Quand nous considérons les éléments de la
majorité, nous nous demandons si les divers partis qui la composent voudront s'en-
tendre lors de l'examen public des lois
constitutionnelles, si chacun d'eux abdi-
quera volontairement à la condition que les
autres abdiquent également. Nous voyons
déjà apparaître des menaces de dislocation
de la majorité : ce sont les légitimistes de
l'extrême droite qui donnent le signal : ils
continuent d'affirmer que l'Assemblée a
conservé l'intégralité de son pouvoir constituant et qu'elle peut, si elle veut, voter le
rétablissement de la royauté. Ils n'exigent
pas encore que le maréchal s'engage à s'in-
cliner devant un pareil vote ; ils se bornent
à formuler l'espérance qu'il ne ferait point
attendre le roi à la porte du septennat :
même après la lettre du maréchal ils maintiennent leurs prétentions.

Si chaque parti en faisait autant, le sort
des lois constitutionnelles serait dès à présent bien compromis, et rien ne nous dit que
l'exemple des légitimistes ne sera pas suivi
par les bonapartistes et les républicains, si
l'on voit affluer à l'Assemblée des pétitions
demandant le retour du roi, déposées par des
députés de la droite, si le pouvoir du maré-

chal est toujours contesté, si de nouveaux négociateurs sont envoyés à Froshdorff. Il y a donc dans l'avenir une inconnue propre à alarmer les esprits.

D'ordinaire, dans toutes les constitutions politiques, le premier soin des législateurs est de préciser tout d'abord le caractère des institutions, de délimiter les attributions du pouvoir, de faire connaître tout au moins les bases principales du nouvel état. L'énonciation de la durée n'est que l'appendice de l'œuvre, sa sanction, son dernier mot. Dans l'œuvre du 19 novembre, on dut agir avec précipitation : on commença par la fin. On donna un titre au livre qui devait être notre code politique avant que la première ligne du livre fût écrite. Quatre mois sont écoulés : rien n'est encore écrit. Ce fut là une faute et ses conséquences pèsent lourdement sur le pays ; elle y entretient l'inquiétude, elle le prive de la sécurité qu'il est en droit d'exiger : nous ne parlons pas de cet ordre de la rue, que nous croyons suffisamment protégé, mais de cette sécurité, sans terme fixé, qui n'est pas dépendante de la vie d'un homme, qui autorise les longues entreprises en ouvrant un avenir illimité.

Le respect pour les volontés ultérieures de l'Assemblée, si nettement affirmé par M. de Broglie, est précisément ce qui nous rassure le moins, car ces volontés nous ne les connaissons pas. La discussion des lois constitutionnelles qui doit nous ouvrir pendant sept ans un refuge contre toutes les tentatives révolutionnaires, nous apparaît pleine de périls et d'embûches. On dit à l'Assemblée : vous pouvez tout; vous pouvez donner une forme, un nom au gouvernement, il n'y a que sa durée que vous ne pouvez modifier. Vous avez un pouvoir constituant illimité ; mais il doit s'arrêter devant le septennat. Faites ce que vous voudrez, vous êtes les maîtres, hormis sur un point : le maréchal acceptera les attributions qu'il vous plaira de lui conférer, mais à la condition que vous lui reconnaîtrez ces attributions pendant sept années.

La majorité actuelle acceptera-t-elle de résoudre le problème ainsi posé? Se formera-t-il une nouvelle majorité? Surgira-t-il un de ces événements qui déroutent tous les calculs humains? On peut tout supposer ; on ne saurait rien prévoir. Nous en sommes réduits à ne nous régler que sur le présent. Or le septennat est la loi existante, il garantit l'ordre matériel ; nous devons demander qu'on se hâte de le définir, de le régulariser, de mettre un terme aux équivoques. Le septennat ne sera respecté par tous les partis que s'il n'en sacrifie aucun, et s'il permet à chacun d'user des voies légales pour préparer son triomple le jour où la France devra choisir un gouvernement définitif.

Pour nous, nous respecterons la loi : nous prêterons dans la mesure de nos forces un concours sincère aux efforts tentés pour maintenir la paix publique, rétablir la prospérité des affaires et organiser une armés qui soit la protectrice de l'indépendance et de l'unité nationales. Mais nous avons le droit de stipuler des réserves et d'affirmer des convictions. Après les tentatives inutiles de restauration royaliste, il apparait aux moins clairvoyants que la lutte n'est plus engagée qu'entre l'impérialisme et le radicalisme, entre le seul parti capable de donner tous gages de sécurité aux conservateurs et le parti qui vise au bouleversement social, entre celui qui maintient les conquêtes de la révolution française et celui qui par ses excès, ses violences les compromettrait à jamais et préparerait la ruine de l'unité nationale, enfin entre la démocratie régularisée, pacifique et la démagogié. Entre les deux nous n'hésiterons pas, et nous croyons avoir le droit de formuler ce vœu : de même que les royalistes modérés disent : le maréchal pendant sept ans, dans sept ans le roi ; de même nous dirons, pendant sept ans le maréchal de Mac-Mahon, dans sept ans l'APPEL AU PEUPLE.

31 mars 1874.

Besançon. Imp. Ch. Cauot.